DISCOURS

D'OUVERTURE

D'UN COURS DE STOMATONOMIE,

PRONONCÉ LE 30 JUIN 1825,

DANS L'AMPHITHÉATRE DE L'ADMINISTRATION GÉNÉRALE
DES HOSPICES CIVILS DE PARIS;

Par M. C. F. DELABARRE,

DOCTEUR EN MÉDECINE,

CHEVALIER DE LA LÉGION-D'HONNEUR,
CHIRURGIEN-DENTISTE DU ROI, EN S^{CE},
MÉDECIN-DENTISTE DE L'HÔPITAL DES ENFANTS
ET DE L'HOSPICE DES ORPHELINS, etc.

A PARIS,

CHEZ C. J. TROUVÉ, IMPRIMEUR-LIBRAIRE,
RUE DES FILLES-SAINT-THOMAS, N° 12.

1825.

DISCOURS

D'OUVERTURE

D'UN COURS DE STOMATONOMIE.

———<>———

MESSIEURS,

C'est avec une grande satisfaction que je viens, après une interruption de deux années scolaires, reprendre le cours de stomatonomie que je faisois dans cette enceinte depuis 1817. Il étoit le seul qui existât sur ce sujet : aucuns honoraires n'y étaient attachés ; aucune rétribution n'étoit demandée à ceux qui le suivoient : mais une ordonnance royale ayant décidé, en 1822, que des agrégés aux professeurs de la Faculté pourroient seuls à l'avenir faire des cours, le mien se trouva supprimé comme tant d'autres. Cependant je dus réclamer un titre qui me devenoit nécessaire, et auquel les services gratuits que j'avois rendus pendant quinze années dans divers établissements publics, aussi bien que mon zèle éprouvé pour les élèves des hôpitaux, me donnoient de justes droits.

Son Exc. le grand-maître de l'Université les avoit appréciés, et tout sembloit devoir seconder l'intérêt qu'avoit bien voulu prendre à la conti-

1.

nuation de ce moyen d'instruction un de ces princes qui sait que la véritable gloire des *grands* consiste à encourager les arts utiles, lorsque des personnes, qui certainement n'avoient aucune idée de ce dont j'entretenois mes auditeurs, paralysèrent le desir de cet illustre personnage, et empêchèrent l'effet de la bonne volonté du ministre. Ce cours auroit donc été anéanti si je me fusse découragé; mais, fort de mes intentions, je n'ai cessé de réclamer, et j'ai enfin obtenu l'autorisation de venir de nouveau m'entretenir avec vous. J'ai tout lieu d'espérer, Messieurs, que je n'éprouverai plus d'obstacles désormais; car l'assentiment d'une réunion d'hommes si justement célèbres est d'un bon augure. D'un autre côté, l'amitié dont quelques-uns m'honorent, ainsi que la bienveillance toute paternelle de l'administration générale des hôpitaux pour un cours qui fut primitivement établi sous ses seuls auspices, semblent nous promettre assistance.

La fréquence et le grand nombre d'affections qui se manifestent à la bouche, ont fait que, de temps immémorial, il y eut des individus qui s'occupèrent exclusivement du traitement qui leur convient.

J'ai adopté l'expression de *stomatonomie* pour désigner cette partie de l'art de guérir, qui a pour objet les préceptes et les autres connoissances qui ont rapport à ces affections.

En Egypte, une caste de prêtres se vouoit même exclusivement aux maladies des dents; car, ainsi qu'Hérodote nous l'apprend, ils se partageoient dans ce pays l'exercice de la médecine.

En Grèce, la pusillanimité des médecins étoit si grande, et les connoissances anatomiques si médiocres, qu'ils n'osoient pas plus faire les opérations que réclamoient les altérations de ces précieux organes qu'aucune autre : cependant on croit qu'Esculape III, fils d'Arsippe et d'Arsinoé, en pratiqua le premier l'évulsion.

Il falloit qu'ils regardassent cette opération comme d'une grande importance, puisque l'histoire rapporte qu'Erasistrate plaça au temple de Delphes l'instrument dont on se servoit dans ce temps, et qui consistoit, dit-on, en un maillet de plomb. Tous les auteurs disent que c'étoit une allégorie signifiant qu'il ne falloit ôter les dents qu'avec la plus grande circonspection, et seulement lorsqu'elles étoient chancelantes. Quant à moi, je pense qu'à côté du maillet en question, étoit encore quelque bout de fer, ou *poussoir*, sur lequel on frappoit, ce qui complétoit le seul moyen connu alors pour les extraire.

A Rome, les médecins traitèrent également les maladies de la bouche; mais ils faisoient aussi exécuter les opérations par d'autres ; ce qui n'a rien d'étonnant, puisque long-temps la médecine y fut exercée par des Grecs. Cependant *Celse*, qui étoit Romain, nous a transmis d'excellents préceptes sur cette branche de l'art.

Galien fit aussi d'autant plus d'attention aux affections buccales qu'il y étoit très-sujet : aussi en parle-t-il en connoisseur. Quoi qu'il en soit, cette partie fit peu de progrès, malgré les encouragemens qu'elle reçut des empereurs, qui élevèrent même ceux qui ne s'occupoient que des dents au rang de médecins privilégiés, et leur accordèrent le droit d'*extraordinaria cognitio*. Pourquoi donc la stomatonomie resta-t-elle en retard de si bonne heure ? La raison en est toute simple : à côté des hommes instruits, on souffrit qu'il s'élevât une classe d'ignorants, qui prétendoient rivaliser avec eux : tels furent les baigneurs et les charlatans, lesquels usurpèrent le titre de *dentiste*.

Mais ce n'étoient pas malheureusement les seuls larcins que l'ignorance devoit faire à l'art de guérir, puisque, plus de cinq cents ans après Galien, *Albucasis* reprochoit à ses contemporains de laisser toute la chirurgie dans les mains des *circulateurs* : donc, si nous étudiions l'histoire des diverses parties qui la composent, nous verrions qu'il n'en est pas une qui n'ait été un objet de dédain pour ceux-là même qui eussent dû en apprécier le mieux la valeur.

Par quelle singularité la fierté romaine consentoit-elle à cultiver la théorie, tandis qu'elle abandonnoit les honneurs et les bénéfices de la pratique à des étrangers? Ne fût-ce pas par un semblable sentiment d'orgueil que les médecins de ces temps reculés distinguèrent dans le corps humain des parties nobles et des parties ignobles? Funeste idée, d'où il résultoit qu'il y avoit des branches plus nobles à cultiver que d'autres. Traiter les maladies avec des médicaments fut réputé chose noble; mais appliquer le fer ou le feu, c'étoit employer des moyens ignobles.

Vous ne l'ignorez pas, les savans, en refusant long-temps de se livrer à la chirurgie, ont privé non-seulement leurs concitoyens, mais encore leurs propres familles, des secours qu'elle offre à l'humanité: ainsi, ils ont eux-mêmes enfoncé dans la boue un art dont ils ne pouvoient méconnoître l'importance.

Je n'ai jamais compris comment les médecins ont pu estimer tant l'exercice de certaines parties de leur profession, et en mépriser tant quelques autres. En effet, quel est notre devoir dans la société? Guérir quand nous pouvons. Eh bien! il importe assez peu à celui qui est tourmenté de douleurs atroces dans la face, que son docteur sache tout, excepté le moyen de le soulager du mal dont il est attaqué.

Jeunes et laborieux étudiants, défendez-vous d'une morgue qui fascine les yeux et rétrécit l'esprit : tout notre art est sublime, et l'amour-propre de quiconque s'y voue doit consister à reculer les limites des parties qui sont restées en arrière.

Des fautes de nos devanciers, il est résulté que le charlatanisme, qui n'est pas si chatouilleux, s'est saisi des opérations les plus graves comme de celles qu'on dit faciles. Tout ce qui pouvoit être un objet de lucre devint de bonne heure la proie des Lithotomistes, des Oculistes, des Dentistes, des Trépaneurs, des Rebouteurs, et, pour comble d'abjection, des escamoteurs et des exécuteurs des hautes-œuvres.

Ne pourrions-nous point cependant, Messieurs, sans nous livrer à une maligne investigation, entrevoir dans ces superbes dédains un masque couvrant la pusillanimité ou l'inexpérience de nos vieux aïeux, qui, usant d'un prétexte bon ou mauvais, éludoient ainsi la pratique de celles des opérations chanceuses et peu lucratives qui pouvoient compromettre leur réputation? Ce qui pourroit le faire présumer, c'est l'ardeur avec laquelle ils cherchèrent d'abord les moyens de guérir toutes les maladies indistinctement ; puis, l'insouciance qu'ils affectèrent pour celles qui, trompant leur sagacité, leur parurent incurables.

Il étoit donc tout naturel que les devins, les sybilles et les empiriques s'en emparassent, et fissent à leur sujet mille contes singuliers, que les médecins eux-mêmes finirent par croire, et bientôt par accréditer.

Ainsi les Arabes admirent que les dents pouvoient être ôtées sans douleurs par des gens qui prononçoient en les touchant des mots mystérieux, ou qui les enduisoient de graisse de *grenouille verte*, ou enfin qui plaçoient dessus certains amulettes inconnus du vulgaire.

Dans un temps plus rapproché de nous, un fourbe, s'étant avisé de casser un de ces organes, profita de l'ignorance de ses contemporains pour en montrer le *ganglion*, qu'il assura être un vers. Alors grande presse dans tous les carrefours pour se procurer le précieux Arcane qui tuoit le cruel animal, ou au moins qui le faisoit dénicher.

Plus tard, un autre espiégle s'avisa de dorer la dernière dent molaire inférieure d'un de ses enfants, et le fit voir comme un phénomène. Qui le croiroit! Horst, médecin allemand fort réputé, disserta sérieusement sur ce sujet, et se donna la peine d'écrire un volume rempli d'absurdités, pour démontrer que c'étoit un effet de la constellation sous laquelle cet enfant étoit né.

Je n'en finirois pas, Messieurs, si je vous citois toutes les supercheries dont les *circulateurs* se sont servis pour tromper le public et même les gens de l'art. Mais il en résulta ce que malignement ils vouloient, c'est-à-dire qu'eux seuls opérèrent le trépan, les yeux, la bouche, les hernies, etc., etc.; de sorte qu'il fut une époque de honteuse mémoire, à laquelle les chirurgiens furent presque réduits à n'être que des *metteurs d'emplâtres.* Ainsi, malgré sa supériorité bien reconnue sur ses contemporains, on vit, en 1295, Lanfran, banni de Milan et réfugié en France, déclarer que l'évulsion d'une dent étoit une opération qu'on ne devoit pas tenter. Théodore Zwinger engagea aussi les chirurgiens à la laisser faire aux gens qui n'avoient point de réputation à risquer, parce qu'elle ne pouvoit, selon lui, être opérée sans déchirer les gencives et briser la mâchoire.

Vinrent enfin Guy de Chauliac et Vigo, dont le génie se révolta contre l'oppression sous laquelle la chirurgie gémissoit ; ils déclarèrent qu'il étoit honteux d'en laisser ainsi les diverses parties dans les mains du charlatanisme. Leurs vœux dévoient bientôt être exaucés. Le règne de Louis IX fit époque : la première école de chirurgie fut fondée.

Mais les vieilles idées ne s'effacent pas aisément : la médecine continua d'opprimer sa sœur.

Ce roi avoit accordé aux chirurgiens à robe longue les mêmes priviléges qu'aux médecins ; et, afin qu'ils pussent jouir d'une égale considération, il exigea qu'ils fussent lettrés. Mais les docteurs, qui seuls composoient alors la Faculté, regardant, non sans raison, les chirurgiens comme des rivaux dangereux, se mirent à instruire en langue vulgaire des subalternes qu'on appeloit *barbiers*, sur la soumission desquels ils pouvoient compter, et ils leur confièrent la pratique des opérations chirurgicales qui s'offroient dans leur clientelle.

Ce ne fut qu'en 1425 que les chirurgiens obtinrent que cet abus cessât ; mais ils concédèrent aux barbiers les choses qui leur parurent les moins lucratives et les plus chanceuses.

Telle est l'origine, chez nous, des oculistes, des dentistes ou dentateurs, des saigneurs de profession, dont quelques-uns même n'avoient pas boutique de barbier, et exerçoient sans autorisation : bien différents de ce qu'ils auroient été sans les pitoyables débats auxquels ils devoient leur création.

Quand un art est ravalé au point de n'être plus regardé que comme un métier, il est difficile de lui faire regagner la considération qu'il a perdue. C'étoit ce qui étoit arrivé à la chirurgie tout entière ; et quand enfin les principales branches

eurent repris un peu de crédit, il en resta encore
long-temps plusieurs qui n'en eurent aucun. La
stomatonomie fut de ce nombre. Ce fut donc à
qui ne s'en occuperoit pas; je dirai plus, ce fut
à qui affecteroit le plus d'indifférence et de mépris
pour cette partie de la science. Mais la police s'en
mêla, et en 1699 on exigea que les dentistes
fissent preuve de capacité.

Dionis, qui détestoit le charlatanisme, parce
qu'il chérissoit l'art qu'il exerça avec tant de
distinction, me semble avoir grandement contribué à l'ordonnance royale qui enjoignit, à cette
époque, à ceux qui se disoient *dentistes*, de passer
deux examens, l'un sur la théorie, l'autre sur la
pratique. Les colléges de chirurgie furent tenus
de les leur faire subir; mais comme on dédaigne
aisément ce qu'on ne connoît que par ouï-dire,
nos pères leur délivrèrent des diplômes d'*experts*,
avec plus de facilité qu'on ne donne aujour-
d'hui celui de maréchal vétérinaire. Ils y mirent
seulement la condition expresse qu'ils n'entre-
prendroient aucune autre chose. Dionis, d'après
cela, leur accordoit de pouvoir exceller dans leur
métier, plutôt que ceux qui se livroient à l'exercice
de toute la chirurgie. Il conseilloit toutefois à ces
derniers de ne pas négliger d'apprendre ce que
les dentistes avoient la permission de faire; savoir:
séparer les dents, les nettoyer, empêcher qu'elles

ne se gâtent, boucher les trous qui s'y font, les raccourcir, les enlever quand elles sont gâtées, et enfin les remplacer par d'artificielles lorsqu'elles manquent. A cela donc se bornoit ce que Dionis pensoit que les *experts* pouvoient entreprendre. Ceux-ci sourirent à une erreur qui leur évitoit des frais considérables de réception, et n'en exercèrent pas moins toute la chirurgie de la bouche, parce qu'il ne pouvoit en être autrement; ce qui, soit dit en passant, leur attira plus d'une querelle avec ceux qui prétendoient se l'être réservée.

Au surplus, n'est-ce pas la faute de la plupart des individus qui prenoient le titre de dentiste, s'ils n'ont pas joui, même sous cette modeste dénomination, de la considération à laquelle ils avoient droit, comme exerçant une partie essentielle de l'art de guérir; partie qui, plus qu'aucune autre, les mettoit à chaque instant, et jeunes encore, en rapport avec les personnes des rangs les plus élevés? Je n'en doute pas, quand je vois à la porte d'un certain nombre une burlesque enseigne qui est bien moins pour eux la dent d'or, que l'objet du juste mépris dont on les gratifie. Il faut le dire pourtant, le nombre et surtout le volume de ces grosses *marmites* commencent à diminuer depuis quelques années; ce qui doit faire espérer qu'elles disparoîtront bientôt entièrement.

Les mauvais exemples aussi bien que les bons sont presque toujours suivis par le vulgaire. C'est pourquoi les hommes qui, en raison de leur position sociale ou de leurs grands talents, peuvent imprimer un mouvement salutaire à une partie, quelle qu'elle soit, de la science, en laissent échapper l'occasion, font un tort réel à leurs contemporains et à la postérité.

Le mépris que les médecins avoient affecté pour la chirurgie, en avoit prodigieusement retardé les progrès; celui des chirurgiens, pour quelques fractions de leur art, arrêta également l'élan que des hommes habiles et zélés essayèrent d'imprimer à plusieurs, et notamment à la stomatonomie, à diverses époques; et voici pourquoi, tandis que nos bibliothèques regorgent de monographies de toute espèce, il en existe si peu sur cette branche.

Toutefois, depuis la renaissance des lettres, les savants ne sont pas restés complétement étrangers au sujet qui doit nous occuper. Ainsi, Riff a écrit un traité spécial en 1518; Eustaches a parlé anatomiquement des dents en 1563; dix-neuf ans plus tard, Urbain Hémard fit une petite brochure sur le développement de ces organes; en 1585, Follope ajouta quelque chose aux connoissances de ses contemporains. Dulaurent, chirurgien de Henri IV en 1600, Parré en 1652, et Diomis en 1707, nous ont transmis ce qu'on savoit alors des affections de la bouche et des dents; mais nul n'en avoit parlé d'une manière étendue, et il étoit réservé à Fauchard de secouer la poussière dont la stomatonomie a été salie jusqu'à lui. Il publia en 1728 un traité sur l'art qu'il exerçoit avec une grande distinction. Mais que de progrès cet art eût faits, si, depuis cent ans, des professeurs l'eussent annuellement enseigné, ainsi que l'avoit souhaité Fauchard, et ce qu'après lui Bourdet, Jourdain et Laforgue ont vainement désiré!

On demandera peut-être pourquoi ils ne l'ont pas entrepris? Messieurs, les réglements universitaires s'opposant à ce que quiconque n'avoit pas rang de docteur pût ouvrir des cours, et aucun de ces hommes célèbres ne s'y étant élevé, ils ont été réduits à faire des vœux impuissants.

Ceci nous démontre que la forme l'emporte souvent sur le fond; car leurs savants travaux attestent qu'ils étoient dignes de cet honneur, et qu'ils eussent pu obtenir ce titre sans efforts.

Ces réglements, il faut l'avouer, ne sont cependant pas dénués de justice. En effet, si un titre ne donne pas de talent, au moins est-il une garantie envers la société; car il atteste que celui qui le possède en a fait preuve devant ses pairs. Il existera donc toujours une prévention naturelle contre celui dont la qualité légale est inférieure, parce qu'on soupçonne que quiconque s'en contente n'ose essayer d'en acquérir une plus relevée. Voilà pourquoi *le titre* de dentiste a nui à la fois à l'art et à ceux qui l'ont pris.

A l'art, parce qu'ayant donné une idée complétement fausse de ce dont cette classe d'artistes doit connoître, on a cru leur partie extrêmement bornée ; ce qui ayant empêché beaucoup de gens instruits de s'y livrer, en a nécessairement retardé les progrès.

A ceux qui le prenoient, parce qu'ils les a placés dans une fausse position, tant auprès des médecins et des chirurgiens qui les ravaloient sans cesse, que vis-à-vis du public qui ne pouvoit guère mieux les traiter.

En 93, la révolution vint et bouleversa tout en France ; l'art de guérir, en entier, put être exercé par qui voulut ; une nuée d'opérateurs sur les dents naquit tout à coup. Un tel état de choses ne pouvoit durer.

De sages lois rétablirent bientôt les réceptions : les dénominations d'oculiste, de dentiste, etc., n'y furent plus admises ; des diplômes de docteurs en médecine ou en chirurgie et d'officiers de santé, devoient seulement être délivrés désormais, sauf à ceux qui obtiendroient l'un ou l'autre à exercer tout ou telle partie qu'ils jugeroient bon. Qui le croiroit ! ceux-là même qui avoient contribué à sa rédaction ont perpétué les dentistes.

Mais je le demande, quand même il seroit possible de ne traiter que les dents, ces organes sont-ils indépendants du corps? N'ont-ils pas, au contraire, des rapports intimes avec les parties environnantes? et leur vitalité n'est-elle pas liée avec celle de plusieurs des systèmes les plus essentiels à la vie? Leurs altérations ne dépendent-elles pas souvent de la mauvaise qualité des humeurs? D'un autre côté, les dépôts, les caries maxillaires, la stomatite, la névralgie, etc., n'en sont-ils pas la conséquence? et celui qui est capable de reconnoître la cause peut-il rester étranger au traitement? Descendons enfin dans le cœur humain, et voyons s'il existe un homme dont l'amour-propre ne se révolteroit à l'idée d'avouer à un malade qu'il n'ose entreprendre rien au-delà de ce que semble lui permettre son diplôme.

Non, il est impossible d'être opérateur sur les dents à la manière dont l'entendoit Dionis : ceux qui l'ont pensé ont été dupes d'un rêve. Donc la stomatonomie ne peut être honorablement exercée que par ceux qui ont préalablement étudié la médecine et la chirurgie.

L'idée toute philantropique d'instruire les élèves au moyen de cours spéciaux sur les affections de la bouche, étoit née en France; mais tel est le sort d'une grande quantité de nos inventions, que nos voisins en tirent souvent parti avant nous. C'est ce qui est arrivé : car, tandis que notre Université refusoit de faire provisoirement une utile exception, en permettant que des hommes savants et habiles, quoique non docteurs, entreprissent ce qu'aucun de ses membres n'étoit en mesure d'exécuter, les Anglais virent s'élever au milieu d'eux un de ces génies qui savent importer dans leur patrie tout ce qui peut lui être utile. Hunter, s'étant emparé du projet de Fauchard, ouvrit à Londres, en 1752, le premier cours spécial qui eût encore été fait sur ce sujet, et ses lumineuses leçons attirèrent un grand nombre d'auditeurs. Les recherches auxquelles il fut obligé de se livrer donnèrent naissance à son *Histoire naturelle des dents humaines*, ouvrage qui a mérité une juste célébrité, et qui, plus qu'aucun autre, a illustré le nom de ce chirurgien.

Messieurs, vous ne sauriez trop vous pénétrer que la médecine n'est qu'un composé de spécialités, trop étendues pour que le même homme puisse les approfondir toutes. Hippocrate l'a dit, et ce que ce grand maître avoit jugé impraticable, à une époque à laquelle la science avoit peu d'étendue, qui oseroit le croire possible aujourd'hui ? Chacun ne pouvant instruire les autres que sur ce qu'il sait bien lui-même, l'enseignement, pour être bon et profitable, doit être divisé; car il en est dans la république des lettres et des arts comme dans celle des fourmis, où chacune a son emploi : l'une glane au dehors, l'autre arrange au dedans, et, de cet accord, résulte la prospérité générale. Livrons-nous donc sans orgueil, petits que nous sommes, à l'étude des portions de la science pour lesquelles le Créateur nous a accordé des dispositions plus particulières.

Or, la stomatonomie sera le rameau sur lequel je fixerai votre attention. Pénétrez-vous bien, Messieurs, que nul ne peut acquérir sur ce sujet des connoissances profondes, s'il n'en possède déjà d'étendues en anatomie, en physiologie, en chimie, en médecine et en chirurgie; car tout se lie dans l'art de guérir. Ainsi je ne puis espérer de voir profiter que ceux d'entre vous qui seront avancés dans ces différentes études. Mêmes principes, mêmes maladies, mêmes remèdes; les localités seules diffèrent; ce qui imprime un caractère particulier à des affections de nature analogue, et c'est la connoissance de cette physionomie qui constitue la difficulté; mais elle est déjà assez grande pour laisser souvent en suspens l'homme le plus exercé.

D'après cela, vous verrez qu'il étoit impossible d'isoler l'étude des organes de la mastication de celle de la bouche, et celle-ci de l'ensemble des sciences médicales. Vous verrez qu'on peut bien se livrer particulièrement à la pratique des affections des yeux, de celles de la peau, de celles des dents, lorsqu'on se trouve situé dans un lieu assez populeux pour qu'une seule branche de l'art de guérir nous suffise ; mais que toujours et avant tout il faut étudier toute la médecine.

Loin de vous donc l'idée que j'aie l'intention de transmettre à d'autres qu'à mes jeunes confrères le peu que j'ai acquis sur cette belle partie ! Pour eux seuls ce cours est ouvert, parce qu'eux seuls sont dignes et capables de s'y livrer avec fruit et honneur. C'est principalement à ceux qui se destinent à exercer dans les provinces, qu'il sera très-avantageux de profiter de l'unique occasion qui leur est offerte, parce que plus qu'aucuns ils ont besoin d'être au courant de tout. Les grandes villes seules possèdent des hommes qui se livrent aux spécialités ; ils ne peuvent par conséquent espérer de se décharger sur les dentistes de la responsabilité de certaines opérations qu'ils seront requis fréquemment de pratiquer.

Ce cours sera, comme d'usage, divisé en deux sections.

Dans la première, qui aura pour objet la physiologie et la pathologie des différents organes dont la bouche se compose, nous nous arrêterons particulièrement sur les moyens thérapeutiques dont le stomatiste a besoin de prendre une connoissance plus particulière.

Nous suivrons les progrès que de savants chirurgiens ont fait faire aux diverses opérations qui se pratiquent tant dans la cavité orale que sur ses parois.

Ainsi les lèvres, les joues, les glandes salivaires, la langue, le palais et son voile, les gencives, la membrane muqueuse buccale, etc., s'offriront tour à tour à notre investigation.

Les affections et les lésions qu'on y rencontre seront le sujet sur lequel nous aurons plus d'une intéressante leçon.

Vous reconnoîtrez facilement, d'après ce que je vous démontrerai, que la médecine et la physiologie générales pouvoient tirer de grands secours de la stomatonomie, et que cependant on l'a négligée ; vous verrez combien de phénomènes peuvent y être étudiés presque à nu, et sont éclaircis sans effort d'imagination, et sans création de systèmes plus ou moins spécieux.

Vous aurez occasion de remarquer combien peu encore sont connues plusieurs des maladies dont je vous entretiendrai, et quels avantages il eût résulté pour la seméiotique, que les anciens médecins s'en fussent occupés d'une manière moins superficielle.

J'en dirai autant, et avec bien plus de raison, de celles qui attaquent les dents, instruments si utiles, dont l'homme ne fait pas assez de cas, quoique sans eux son estomac, et, par suite, tous ses autres organes, exécutent imparfaitement leurs fonctions.

L'anatomie et la physiologie de ces corps de nature particulière vous amusera d'autant plus, que, malgré les travaux entrepris d'abord par Urbain Hémard, et, depuis lui, par tant de savants, il reste encore bien des faits à éclaircir.

Dans l'impossibilité de tirer des dissections et des expériences chimiques des notions exactes sur l'organisation des dents, nous les trouverons dans les maladies auxquelles elles sont sujettes. J'espère vous démontrer que, seules, elles peuvent nous servir à soulever le voile dont la nature l'a enveloppée.

Les consultations que nous donnons d'usage sur les affections dont le stomatiste a des occasions journalières de s'occuper, placeront la pratique à côté du précepte.

Par ce moyen, toutes les maladies qui sont susceptibles de se manifester sur les organes buccaux, tant intérieurs qu'extérieurs, seront vues avec une sorte d'ensemble, si elles se succèdent avec assez de promptitude pour qu'il soit possible aux élèves de les comparer les unes aux autres, et d'en distinguer les différences.

Ainsi donc il est de l'intérêt de tous de saisir les occasions qui se présentent à chacun d'indiquer aux malades pauvres qu'il existe une clinique spéciale dans laquelle ils doivent espérer de trouver du soulagement.

Dans la seconde partie, nous nous occuperons des combinaisons mécaniques, à l'aide desquelles on répare les différentes pertes que la bouche peut faire.

Je placerai sous vos yeux toutes les ressources que des génies inventifs ont créées à cet effet.

Ne croyez pas que cette section soit toute mécanique! l'exécution seule peut être considérée comme telle. Mais, encore ici, le travail manuel n'est que très-secondaire, et c'est justement ce dont il faut se pénétrer; car celui-là seul qui aura une parfaite connoissance de la forme et des usages des parties, pourra dresser le plan des machines et les composer, de manière à ce qu'elles soient toujours utiles et jamais nuisibles. Seul il pourra préférer celles qui conviennent, et décider des cas dans lesquels il faut s'abstenir d'en appliquer. Des connoissances assez étendues en chimie, en minéralogie, en histoire naturelle, sont nécessaires afin de composer les instruments de la prothèse buccale : elles secondent merveilleusement celles que l'on aura puisées dans l'étude de divers autres arts, tels que la bijouterie, la tabletterie. Loin donc que le stomatiste soit moins instruit que les autres médecins, il a besoin de savoir une grande quantité de choses qui ne leur seroient d'aucune utilité.

Quoique cette section de notre cours ne soit point nécessaire à la généralité des étudiants, et qu'elle soit plus particulièrement destinée à l'instruction de ceux qui voudroient faire de la stomatonomie l'objet de leurs occupations habituelles, elle ne doit cependant rester étrangère à aucun de vous; car il est des cas simples dans lesquels le chirurgien et le médecin sont très-aises d'en avoir quelqu'idée. J'engage donc surtout ceux qui ont l'intention d'habiter les provinces à profiter de ce que je leur offre.

Heureux du peu que j'aurai fait pour tous, on me verra toujours encourager les efforts, et applaudir aux succès.

C'est pour en donner la preuve, que j'ai l'usage de délivrer des médailles à ceux qui traitent le mieux les questions que je pose vers le milieu du cours, afin que chacun puisse les traiter convenablement.

www.ingramcontent.com/pod-product-compliance
Lightning Source LLC
Chambersburg PA
CBHW061712050726
47598CB00004B/1796